YOUNG

自在

杨洋 —— 著

北京联合出版公司
Beijing United Publishing Co.,Ltd.

目　录
CONTENTS

CHAPTER 01

舞台上

只有一个

最中间的位置

自在
● YOUNG

舞台上只有一个最中间的位置

●　○

　　十一岁报考军艺是我自己当时做的"重大决定"，那次报考中，我的老师起到了特别重要的作用，是她帮忙说服了我的父母。

　　当时学校刚好有场特别重要的演出，原本计划排一出舞剧，有三个小男生跳，结果临出演前有个孩子生病了，参加不了，老师把我临时替补上去。我用三天时间把整出舞剧学了下来，然后就上场演出了，演出效果还不错——至少没有失误。

　　老师很满意，觉得我在跳舞这方面有潜力，于是就建议我的父母，让我报考舞蹈类的艺术院校，再加上我当时文化课成绩不是特别好，如果和其他人一样参加普通升学考试的话，未必能考进好学校。

　　父母衡量了下老师说的话，后来就同意了，让我报考艺术院校试试。

　　但他们没想到我会报考军艺，并且他们那时也并不太赞同。

　　原因很简单，第一是离家远，在北京。我从小到大都跟在父母身边长大，没有一个人在外面生活过。

　　第二是军艺会比别的艺术院校管理更严、更辛苦。毕竟我那时候年纪小，才十一岁，父母还是舍不得让我受苦的。

　　但我还是自己决定报考军艺，并且去面试了。

原因也很简单，我从小就对"军人"有种执着，觉得特别正气，觉得男子汉就应该那个样子，觉得一身军装特帅，自己要是能穿上军装，那肯定很自豪。

而且我从小就喜欢看国家大事，喜欢军事类节目，喜欢当时《环球时报》的军事版块，总之就是对所有有关军事、部队的东西特别着迷。

当时我特别执着，暗自跟自己说要是考不上军艺的话，那就来年再考，一直到考上为止，我就没想着会去其他艺术院校。

那次的面试真是挺险的，我甚至担心完了，没戏了。

面试时有一项考核是倒立，所有人都做得很好，结果我没撑住，摔下来了，也不知道怎么了，砰的一下，总之就是摔下来了。

摔下来之后就很尴尬，我也不知道该怎么补救，不知道怎么改变留给老师的印象，就在旁边直愣愣地傻站着，站军姿，站得笔直笔直的。一直等着别人都做完，我就在旁边特别尴尬地看着。

结果却很幸运，一共三试，我其他方面做得还不错，最后也被选上了。

舞蹈专业选学生除了看基本功外，还有一点可能更重要，就是先天条件，比如你身体的发展规律、身材比例、对舞蹈的悟性之类，我当时应该是老师眼中先天条件比较好的小孩儿。还有就是因为之前我只是上了舞蹈兴趣班，并没有接受过专业的舞蹈训练，相对来说算是白纸一张，比较好调教、比较好带，老师从头开始教一个这样的学生更容易些，所以这也算给我加了分吧。

只是很遗憾，当时没有考上公费生。公费生的待遇是军区出钱培养，之后分配到军区去。我觉得那样挺好，就是我想要的，而我当时考上的是自费生。自费生就是你在学校学完，自己再深造，再去报考别的学校，像北舞、中戏什么的。

　　选择军艺对我来说是个很重要的转折点。大家常说一句话，就是男生在学习上有后劲，我当时就是这样。

　　考军艺时我的成绩并不算优秀，有那么多人考上了公费生，对我来说是个很大的刺激，因为我这个人本性是比较好强的，不允许自己做不好。为什么别人能做好？别人能行？别人能考上公费生？

　　我不服。我觉得我不比任何人差，那我就努力学，学到最好。

　　在我刚上一年级的时候，我就是一张白纸，基础没人家好，所以在上课、演出的时候，都是站旁边，中间是跳得好的。我当时就不太服气。

　　我想得特简单，就是我一定要跳到最好，一定要站到最中间的位置。

　　等上二年级的时候，我就开始爆发了：一点一点地，从旁边到中间，到最中间，慢慢挪着位置，扎扎实实地站到了最中间；开始考试得第一，之后每一次考试都拿第一。

CHAPTER 02

军艺

那些年

自在
● YOUNG

自在 ● YOUNG

自在 ● YOUNG

军艺那些年

● ○

很多人说学过舞蹈的人都特别能吃苦，我觉得这句话是真的。

在军艺学舞蹈的那些年，对我来说特别重要：一方面是在舞蹈上，你很努力，跳得越来越好、越来越专业；另一方面是性格上的养成。

军艺实行军事化管理，它那种出自军队的力量感、高强度练习、严格服从……对性格的养成影响特别大。那时候我正值青春期，受到了这样的影响，回头看看，这段时间的经历对我来说，甚至可以称得上终身受益。

我考进军艺时，是我第一次离开家，父母还在上海，我一个人待在北京。军艺的规定是家长把孩子送到学校后，家长就得回去，说是全封闭式管理，留在那儿也见不着孩子。于是我爸妈就很老实地走了。

那时真是没有经验，也没事先打听一下，其实好多家长是没有走的，校方虽然是全封闭式管理，但毕竟学生刚刚入学，还是会让家长看一眼的。

我记得特别清楚，当时一个寝室八个人，好多人的父母都没走，到了傍晚就来寝室看孩子，来送水果、衣架、袜子之类的，我看到了就特别难受。

后来实在忍不住，我跑去给我爸打了电话，我甚至还哭了，入学第一天就崩溃了，特别想回家。在电话里，我爸答应我说等军训结束就来看我，那时候我年纪小，想事情也特别单纯，就被安抚住了，在电话里跟我爸说："那你来的时候给我带点汉堡包吧。"

就这么在军艺待了下来，等军训结束后，我爸真的来了学校看我，还给我买了汉堡包。我们父子俩在空旷的食堂里，我爸看着我狼吞虎咽，我原先打算等我爸来了好好诉诉苦的，但我爸一来我就挺高兴的，也就忘了要诉什么苦。

军艺每天训练加上课的强度很大，每天早上都得五点五十分起床，开始一天的训练，有时是半天文化课、半天专业课，有时是一整天的专业课。晚自习一般是大家一起排舞剧，或者自己单独练习，等到晚上十点才能上床休息。

其他时候还好，夏天上专业课就有些辛苦。老师让每个人多带几件 T 恤，一节民族舞跳下来要换三件 T 恤，跳的时候还好，注意力都在动作上，等到休息的时候到旁边歇着，一停下来地板上滴的全是汗。

带我们这届的老师也很有趣，每个老师风格不一样，对自己学生的要求也不一样，到我们这届，刚好碰到个管理很严的老师，要求男女生分班，不让男女生说话，特别戒备森严的感觉。所以我们看其他年级的男女生一起上课就特别羡慕，男女同学之间就偷偷摸摸地传字条，现在回想起来还挺有意思，跟搞地下工作似的。

我爸妈是在我四年级下学期时来北京陪读的，因为我那年上专业课时受了伤，当时伤得挺严重，半个月都没能再上课训练。家里不放心，爸妈就来北京陪我，老师也很照顾，我们主任刘敏老师介绍了个疗伤比较好的地方，我爸就每天开车带我去香山那边做理疗。

让我特别感动的是，当时我那么长时间没有训练，只作为旁听生听课，老师还保留了我在她的作品里的位置。在我老师的作品里，老师是主演，我是以被她挑选的尖子生的身份来配合她一起完成作品的，如果因为我导致作品效果不好，对她也会造成不好的后果。在那种特殊的情况下，我特别感谢老师对我的信任，保留我的位置真的是对我很大的认可。

后来演完后，老师问我感觉怎么样，有没有哪里不舒服，我说没问题。老师也特别欣慰，她说："杨洋，你是这五十年里我见过的最好的学生，先天条件好还那么肯努力。"

那时候年纪小，对受伤这种事不大在乎，觉得男孩子嘛，受点伤挺一挺就过去了，很正常，不用太在意。直到近两年，我才开始觉得要注意身体，不能受伤，并且越来越觉得这很重要。那时候受的伤到现在都还有后遗症，我现在后背两节腰椎骨之间的一段脆骨还是断裂的，这就是那时候摔伤的后果，加上后来自己不注意养护，所以始终没有彻底养好。

还有一点是，你每次受伤，父母总会跟着担心。我当时摔伤腰的那段时间，我爸妈特别紧张，天天带我去做理疗，也特别辛苦。刚入学那两年，我妈还没到北京陪读，放假了我带东西回家，我妈在我包里看到那双跑废了的军靴，当时就哭了，特别心疼，觉得我一个人在外面太苦了。

但我自己却不觉得，还是年纪小吧，年轻气盛，觉得男子汉不就该这样吗？相比那些训练的苦，我觉得更让我有成就感的是作为尖子生的那种自豪，那种对自己的肯定、那种自信。而且每次考得好，爸妈都会送礼物奖励我，这也是父母的高明之处，毕竟很多小孩儿就是因为有奖励学习才更有劲儿。

说起来，我爸曾经奖励过我一台便携式 DVD 机，特别大，比所有同学的都大。我到学校一拿出来，身边的同学就都特羡慕，每次都拿我的看，我的感觉就是特牛气，特别有底气，因为是靠自己努力挣来的。

事情做得好

才是

真正的"酷"

CHAPTER 03

事情做得好才是真正的"酷"

我很感谢这个时代，被大家称为"鲜肉"的时代，刚好我妈妈把我生成了小鲜肉一枚，每次有媒体问到的时候，我都会坦言回答——我很高兴，觉得很幸运。但在"鲜肉"的外表下，我同样希望自己可以有"红烧肉"的滋味。

爱美之心，人皆有之，男孩子也不例外。但作为男生，确切点说，追求的不是美，而是"帅"和"酷"——除了外形上的，更多的是一种状态，或者可以说是一种做事情的方式、态度。

比如我从小就觉得跳舞跳好了很酷很帅，所以我很努力学跳舞，就是为了最后大家看到的我很酷很帅；认为打游戏通关一直赢很酷，那我就一腔热血地研究通关；觉得篮球打得好很帅，我就努力训练打好篮球。有时候我甚至想，可能我追求所有事情的最终意义，就是为了这两个字，觉得车开得好很酷、游泳游得好很酷，那我就去好好做这些事。

包括演戏。在我看来，做任何事情做得好都是很酷的，这种人在我眼里是会发光的人，好像自带能量光团。我希望自己就是这样的人，所以我会认真地做每一件事，只要我决定去做。

我说过在我身上跟其他男生最大的不同，应该是我和其他人叛逆的形式不一样。很多人去做一些不被允许的事情，认为这是叛逆，而在我这儿，可能是在军艺待过的原因，我所理解的叛逆是自己与自己的较量，你要超越你自己，越难越要做好，这是我对自己"逆反"的方式。我觉得为了超越自己而"折磨"自己，反而是很有成就感的事情。

所以每次拍打戏的时候我都会自己上，而且会很拼，有时候导演说可以了，但是看回放时我觉得拍得不够漂亮，自己不满意，就经常会主动跟导演说再来再来。拍《盗墓笔记》的时候，我跟武行的师傅说，得多辛苦您了，因为我会主动要求加练。

无论是文戏还是武戏，所有戏都有自己的套路，演员得自己慢慢摸出门道。我最开始拍动作戏的时候有点儿摸不着门道，只懂得拼、只懂得用力，结果受了很多伤。拍《盗墓笔记》时有个场景是在古墓里，那棵大树非常高，是棵十几米高的道具大树，上面有一些木板、钉子之类的东西。我有个动作是要非常轻盈地转身旋到树上去，那个动作当时反复来了很多次，就是为了在镜头前看着更漂亮。等到导演说可以了的时候，我还挺高兴地下来跟着看回放，觉得确实打得挺好看。等到卸妆时才发现身上好多地方都划破了，后背吊威亚被勒得青一块紫一块的。

类似这样的拍戏受伤对我来说在很长一段时间里都是家常便饭，我现在的后背、腰、脚等很多地方都有伤，而且因为受伤后不懂得及时治疗和护理，几乎都留了后遗症，比如会习惯性崴脚等。我之前在现场就是那种受了伤也不吭声、不会说停的人，因为怕影响进度、耽误其他人的工作，那样的话自己会很过意不去。

因为是学舞蹈出身的，所以我学动作都比较快，基本上学个两三遍就能顺利打下来了。早期觉得动作要打得很用力、很舒展，才有气势和效果，所以我总是特别卖力，直到拍《三生三世十里桃花》的时候，严屹宽大哥跟我说，杨洋，你不用这么硬拼。他教我说你看拍动作不是打得多舒展、多有力道就一定是好的，因为有时候这样反而在镜头里出不来效果，要的是动作在镜头前过去时，一瞬间唰的一下，特别快，要这种感觉才好看。

记得在拍《三生三世十里桃花》的时候有很多打戏，很多空翻要吊威亚，有一条打戏我拍了二十多条。导演是个处女座，比较追求完美，反复拍了很多遍，最后导演终于满意说行了，我又自己看回放，看着我就说还是不够好，再来吧。两个处女座搭档遇到一起，真是挺要命的事，那时候就一直打一直打，后来连头套都要甩掉了。

而拍《旋风少女》的时候，应该是我身体状态最不好的一段时间，在那之前不久，录《花儿与少年》时我腰撞伤了，当时在国外，跟陈意涵一起去玩一个水上项目，结果不小心摔了，回来后也一直没恢复过来，伤没有养好，时差也没有倒过来，紧接着就又要拍戏。

因为我先去录了《花儿与少年》，所以进组比其他人晚，就要强密度地补很多场戏。那时每天早上八九点钟到剧组化妆，一直拍到晚上十一二点，身体吃不消，结果突发性耳聋，又得每天拍完戏后到医院输五个小时的液，等到能回家睡觉时都差不多天亮了，导致每天就只能睡两三个小时。

那段时期身体特别疲惫，抵抗力差，腰上骨头疼，耳朵又听不见，我打算拍完就休息一段时间，好好恢复下身体，结果紧接着又拍了《微微一笑很倾城》。

不想当将军的士兵不是好士兵，不想当影帝的演员不是好演员。就像当年我在军艺跳舞一样，我要求自己做领头羊，同样，拍戏当演员我也希望自己做到最好，至少是尽我自己的最大努力去做好。

虽然这是一个小鲜肉的时代，我也很感谢自己作为小鲜肉被大家喜爱，但我希望自己成为红烧肉，更有味道，不辜负自己，也不辜负喜爱我的人。

而现在，除了努力做好，还是努力做好。

CHAPTER 04

遇见

张起灵

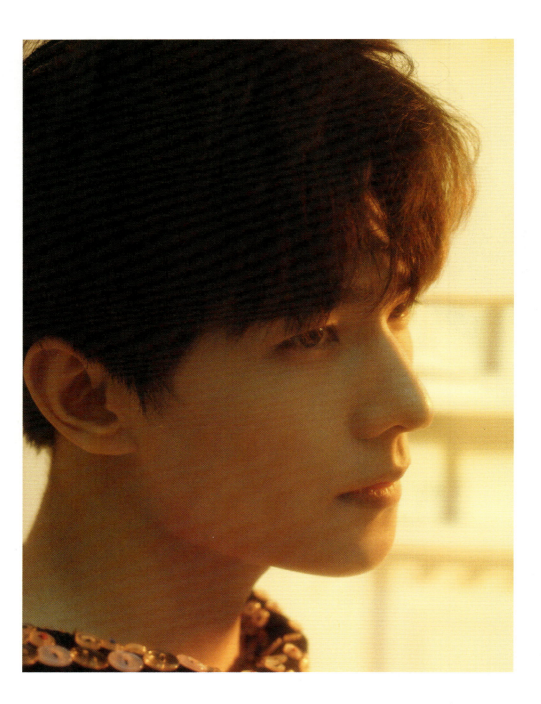

自在
● YOUNG

遇见张起灵

拍完《红楼梦》后的一段时间，对我来说是迷茫期，我不是科班演员出身，是中途从舞蹈专业转过来的，当初也是下了很大的决心，甚至差点儿错过贾宝玉这个角色。

那时我所有的心思都还在跳舞上，觉得毕业后留在团里做个舞蹈演员或者舞蹈老师挺好，剧组来选角的时候，我兴趣并不大，因为感觉演员对我来说是个太过遥远的行当，之前想都没想过。

我妈当时知道有这么一个机会，就跟我说："去呀，多好的机会，那么著名的作品。"于是我就去了，并且很幸运地演了贾宝玉这个经典的角色。

但《红楼梦》播出后反响一般，可能是因为之前那版《红楼梦》太经典了，无论拍成什么样都难免被拿去做对比。我原本以为自己演了贾宝玉，至少之后踏上演员这条路会比较顺，感觉相对来说这样的起点算是很好的。而事实上是拍完《红楼梦》之后，我有好几年没有太好的作品，参演的几乎都是不为人知的剧，出演的也同样是不会被人记住的角色。

这跟我最早的预想是不一样的，我当初下决心从部队退伍出来放弃毕业会演转行做演员，就是觉得演员这个行当对我来说很新奇，对我来说是个全新的世界，而我对这个全新的世界充满期待和想象，以为之后的演艺事业也会像我在舞台上一样，只要我努力、吃苦就一定会出成绩。但事实并没有这么简单。

一部电视剧由太多人员、太多元素决定，不像你作为一个舞蹈演员跳得好就能跳到前排去，因为大家都看得到。拍戏是要看机遇的，比如这个角色适不适合你，那么多备选演员中人家能不能想到你，包括公司对艺人的经营运作，等等。

总之那几年，我没有什么可以被大家熟知的作品，直到遇到《盗墓笔记》里面的张起灵这个角色。

我是在拍《少年四大名捕》时知道《盗墓笔记》要影视化的，因为制作团队就是当时《少年四大名捕》的团队，大家在这期间曾提到过。我当时挺动心的，很想去试试，刚好我的团队也给我联系到了，说让我之后去试装。

在到剧组试装前，我和李易峰曾单独见过三叔，那是在上海的一家饭店。我是很慢热的人，第一次见面也不知道该聊什么，就很少说话。那时大家就在一块儿聊，聊了挺多，然后三叔就打趣我说："杨洋怎么都不说话啊？"我经纪人就帮我解围，说："他这是已经进入角色了。"

包括后来进组后，我也是过了很长时间才跟大家慢慢熟悉。我在不熟的人面前是比较腼腆的，这不是刻意端着，是实在不知道应该怎么办，也不知道说什么好。所以常常是在剧组待久了，我慢慢适应了剧组生活，就觉得在剧组待着很好、很自在，反而不爱出去，包括参加商演、接受采访，甚至是拍完戏后回去。每次在剧组待久了，我回到家里也得跟我爸妈要慢热两天，刚回家总不太适应，不知道跟他们说什么，得等慢慢恢复日常状态了，再带他们出去吃饭、逛街、看电影。

话说回来，从第一次在《盗墓笔记》试妆到定妆照出来再到最终角色敲定，中间隔了两三个月。那时候我还挺紧张的，而且当时定妆照出来后在网上争议很大，因为每个人都有自己心目中的张起灵。毕竟你是个名不见经传的演员，大家都不知道你、不了解你，说怎么突然来这么一个人来演张起灵？甚至有人找出了我很多年前的照片爆出来开始吐槽，说这样一个新人怎么能驾驭张起灵呢？能不能演好？

说实话我当时觉得有点冤，尤其是看到很多人在说当年的照片，事实上我已经跟当年不一样了，我已经成长了，我已经学习和沉淀了更多的东西，但这些大家一时间是看不到的，引发大家争议的还是从前的那个你。

直到剧组最终确认通知了我的经纪人，三叔拍板选了我，我心里的石头才算落地。那之后我还是很紧张，也不敢懈怠，因为有很多场戏上半身都是裸着的，得有漂亮结实的肌肉，我就天天健身，从去试装前就开始，我还研究角色，包括在网上查大家对这个角色的评价、对这个角色的期待。

张起灵对于《盗墓笔记》来说是个灵魂人物，很多人对他抱着特别高的期待，因为他特别神秘，身世又那么与众不同，他的经历以及他的身手，这些都是非常有特点的。我希望自己能够撑得起这个角色，不要最后出来的效果是被说："唉，怎么找他演呢？"

对我来说——直到现在也是，我最怕的一句话是被说用错演员了。

所以，我会不断努力鞭策自己，我不想被别人否定。

张起灵的人设和其他人物不一样，他不是一个普通的、常见的角色，他很神秘而且身手好，在剧中更多时候是动作戏，所以那段时间无论拍戏到多晚，我每天都会坚持锻炼两小时，盗墓剧组给每个演员都配了教练，我就特别抱歉地跟我的教练说请他辛苦一些。

之前我有舞蹈功底在，所以动作戏的那些招式和动作，包括张起灵身上那种比较沉静的气质，对我来说都还比较贴合，也容易去靠。但其中有个点特别纠结，就是怎么演张起灵的表情。

看过原著的人应该都知道，张起灵在原著里的人设就是没有表情的，可能具体表现出来就是大家叫的"面瘫脸"，从头到尾没有什么表情。我当时很纠结，作为演员你最大的演技就体现在脸上，可是让你演一个没有表情的人物，那你的演技在哪儿？你在演什么？你怎么演？

刚好那时候《来自星星的你》很火，我身边的人就说张起灵这个角色跟都敏俊很像，你可以参考都敏俊演。我就找来《来自星星的你》从头看到尾，但看完发现还是不行，因为张起灵跟都敏俊还是不一样，都敏俊身上是有很多抽离的点的，虽然大多数情况下他也没有表情，但会有桥段让他抽离出他原来的身份，偶尔逗趣一下，还挺搞笑的。

但张起灵不是，张起灵从头到尾都没有表情，你在他身上看不到任何情绪的起伏。我最后想了想，决定还是尽力尊重原著去演，毕竟原著里的张起灵是被大家熟悉且习惯接受的，如果我贸然演了另外一版的张起灵出来，大家可能会说这跟原著不一样，所以尊重原著去演是我当时的最大标尺。尽管张起灵这个人设确实会让人感觉是张"面瘫脸"，但不可否认，他身上有又帅又酷的让人着迷的部分，我的任务就是展示好张起灵的全部，尽最大努力去贴合原著里的张起灵。

《盗墓笔记》是我演艺事业的一个转折点，那段时间突然间开始有粉丝来剧组探班，开始有粉丝接机，微博上的粉丝几乎每周涨一百万。我当时简直搞不清状况，心里特别紧张，本来演这个角色就有很大压力，再加上每天有很多粉丝盯着，我就更焦虑，生怕演不好，生怕有一点做得不好让人觉得你埋没了、毁了这个角色。

有件小事我到现在还记得，当时有粉丝去探班，然后说杨洋拍个照吧，我想了想还是拒绝了，不是怕曝光，当时想得特别简单，生怕照片要是透露出去，大家看到后会对张起灵的形象"跳戏"。那时候真是一点儿都不敢大意，现在回头想想还挺好玩的，但至少说明当时真的特别在意这个角色，在意别人对我的评价，特别怕被否定和质疑。

另外还有几个拍《盗墓笔记》期间的故事，也挺有意思的。

一个是后来有人吐槽张起灵的腹肌是假的，我要澄清一下那个是真的，我每天都在卖力练腹肌呀，而且每次开机前我都要在地上先做三十个俯卧撑，就是为了充血，让肌肉看着更明显。到了具体拍的时候的确会画一下侧影，但这就跟拍照化妆是一个原因，在镜头前很多东西都会模糊，画侧影是为了在光线下看着更立体，不是说我没有肌肉，要真那么以为我可太冤了。

还有张起灵的文身，看着很好看吧？但画那个特别费劲，要画很久，拍完卸掉它也得卸很久，当时是十一二月，我天天裸着上身在那儿画文身、卸文身，画面大家可以脑补一下。

最搞笑的是张起灵那对"发丘中郎将"的手指，指模要做得很长，套上去非常不灵便，尤其有一场戏是打完溶洞里的千年粽子，张起灵洒完血被带回村子里休息，吴邪送饭给我。拍那场戏的时候，我拿着筷子手一直抖，手指太长了握不好筷子，怎么夹也夹不起来，我跟李易峰都差点儿忍不住笑场。

再后来随着《盗墓笔记》上线播出，开始有越来越多的人认识我，我记得有一次出门去家附近的银行办业务，银行里的小哥看见我后一下就认出来了，说："这不是张起灵吗？"

所以，张起灵这个角色对我来说真的意义非凡，他使更多人开始知道我，开始关注我、喜欢我。而且对这个角色，我也投入了很多的感情，尤其是有一场戏是我一个人跑到西藏去拍，其他人都杀青了，留我拍张起灵的结局。那是我第一次去西藏，到了以后身体不大适应，很不舒服，睡了一下午，第二天到很远的羊卓雍措拍那场戏。那儿海拔有四千八百多米，而且刚好赶上大沙尘暴，当时我就一遍遍地走，没有任何遮挡，裸着上半身，我当时忽然就想，如果现实里张起灵这个人物是存在的，那他一个人在这样的环境里孤独地活下去，默默坚守了那么多年，真的挺让人心酸的。

我 的 **青 春**
我 是 **杨 洋**

MY YOUTH

/

I AM YANG YANG

_____

CHAPTER 05

一个演员的底气

就是你的

作品

一个演员的底气就是你的作品

●　○

　　出道这么久，虽然我接拍的大多数都是偶像剧类型的影视作品，但在每次选角色的时候，我还是很看重人物与人物的不同，每一次都要有差别化，甚至有很大落差。我认为扮演反差较大的不同角色，对演员的演技来说会是一种快速有效的锤炼。

　　比如《少年四大名捕》里的无情公子和《盗墓笔记》里的张起灵，虽然他们表面看上去是一样的，好像永远都是一张没有表情的脸，但其实有很大区别。无情是云淡风轻的个性，而且他内心深处是个很痴情的人，但张起灵身上是一种坚守的责任感、一种使命感，这两种是完全不同的。因为角色的这些不同，我会研究这些看似一样的表面下的不一样，把这些不一样拿捏好了，对怎么演戏、怎么做一个好演员有很大的提升。

　　《旋风少女》里的若白师兄是个表面看着非常严肃、不苟言笑的人，但其实很暖、很体贴，他会默默做很多细小的事情，甚至被大家戏称为"田螺姑娘"，以至于我拍完《旋风少女》很久以后，还有很多人叫我若白爸爸。

　　还有《微微一笑很倾城》，我很喜欢肖奈这个角色，他是特别让人崇拜的一个人，高情商、高智商又非常优秀，有自己的事业，重情义，对女友特别好，而且又不是简单的那种好，他会默默在后面做事。

　　像肖奈这样的人，可能在现实世界中几乎是没有的。我可能有一些点和肖奈比较像，比如说肖奈游泳、打篮球、喜欢玩游戏，我也是，我游泳挺好的，篮球打得也不错，也喜欢玩游戏，所以这几点还比较贴合，有共通性。

　　肖奈也很冷，我演过张起灵，在这点上还比较有把握，但肖奈的冷又不是张起灵的那种冷，他偶尔还逗趣，时不时拿话噎你一下，有点儿冷幽默的那种。我演的剧大部分都有原著小说，我会去查小说里的角色哪些部分是大家喜欢的，小说里写这是一个怎样的人，自己演时就希望能最大限度地去还原。

　　接拍《从你的全世界路过》的原因是茅十八是一个新的、接地气、就在人们身边会有的角色，而且这部电影有好的制作班底、导演、原著、剧本。本来那会儿是在拍《三生三世十里桃花》，老戴头套状态不好，我不太想见张一白导演，结果张导就飞到剧组，专程聊《从你的全世界路过》的事，我后来也觉得可以跟邓超大哥搭戏，能学到很多东西，对自己来说是挺好的一个机会，就答应了。

　　答应接《从你的全世界路过》的另外一个原因是，我不想总是演同一类角色，总是高冷路线，我希望观众看到自己的另外一面，有一个超越自己的角色，还能在剧里弥补自己没有经历过的生活。毕竟很多事情我在现实生活里不能尝试，只能通过别的方式弥补。

　　那段时间挺开心的，每天在剧组里吃着火锅、唱着歌，邓超大哥还把做串串的师傅请过来，大家在剧组里一起吃，然后我也请大家吃东西，拍的时候每天邋里邋遢，走颓废、脏范儿路线，痞痞的，还挺有意思。

从《盗墓笔记》开始，我的粉丝越来越多，拍每部戏的时候都会有很多粉丝跟着，甚至出国去参加活动也会有粉丝全程跟着，我飞到哪儿他们就飞到哪儿，我去希腊他们就跟到希腊，我去伊斯坦布尔他们就跟到伊斯坦布尔。对于他们这样的热情和喜爱，我真的很感动，而且很感激。我有时想想，如果换位思考，我有没有这么大的热情和精力去追我的偶像，恐怕没有。所以对于长久以来大家对我的喜爱和支持，我真的特别感谢。

　　来《旋风少女》剧组探班的粉丝尤其多，有很多粉丝自愿做了群众演员，我还挺感动的。不过说实话，这样造成的压力也很大，几乎全天都有粉丝跟着，从早上出酒店，在路上、到剧组、化妆，包括之后开拍，全程都有粉丝跟着，于是我也不能特别放松，因为大家是为了你来的，你不可能做到完全的放松，多多少少还是会有一点点"端着"，因为希望给大家展示的是最好的状态、最好的一面。

　　但同时造成的另外一个小问题就是我会有心理压力，比如在飞机上睡觉、吃东西、穿什么衣服、做什么造型，都要顾及到，毕竟大家是一腔热情为你而来，不能只展示平常真实的一面就行了——我不是说平常的一面不好，而是在日常里你会有疲倦的时候、累的时候、邋遢的时候、情绪不高的时候，但粉丝来看你，肯定不希望看到这些，所以就得始终展示一个充满能量的积极的形象。

　　很多时候我是刚工作完就赶飞机，会希望在飞机上可以好好休息，因为到新的地方后还有新的工作安排，但因为全程都有粉丝贴身跟着，就得始终保持很精神的状态。除此之外，我更多是担心粉丝的出行安全，这个太重要了，他们会不会在看我的路上遇到一些麻烦？会不会出现一些问题？甚至包括他们的人身安全，我都觉得我对他们是有责任的，至少从心理上讲，我觉得让他们平平安安是我的责任。

再就是我是个性格偏内向的人，所以平时是比较低调的，每次粉丝接机的时候都有很多人，我特别怕影响到其他旅客，怕影响机场里的秩序，如果是因为我的原因给别人造成一点点麻烦和打扰，我都会过意不去。

最后还有一个想法是，我觉得自己现在还不是很被大家认识，比如在机场有粉丝接机时，可能会有人注意到那个场面，然后就问："这谁啊？不认识。"当有人这么问的时候，说明我做得还远远不够，没有那么多作品出来，被大家熟悉、喜爱和支持。很多人都不知道你，这就是自己做得还不够。

我始终认为，一个演员最重要的就是他的作品，这比所有其他方式的曝光都更有说服力，这也是我的专业态度，就是不管你做什么，拿你的专业成绩来说话，而不是其他，像曝新闻、炒话题之类，我想要的关注不是这些，而是更多人通过我的作品认识我、认可我，这才是让我觉得有成就感和有底气的事情。

所以我会尝试很多不同的角色，到目前为止，除了清装戏、特别特别坏的角色，我很多角色都尝试过。我希望能在不同的角色里不断打磨、提升自己，可能在有些人看来，会觉得杨洋演得还是不那么好，但对我来说，我尽了最大的努力。

演戏上我认为要按照自己本来的年龄段去走，现在我的年龄可能就是更适合演偶像剧。比如说莱昂纳多，他年轻的时候演花样美男，后来成了非常有实力的演员，能演非常有挑战的角色，那么同样地，可能有些角色我现在还驾驭不了，年轻人的角色相对来说更熟悉一些，还有一些角色再过几年我去驾驭应该更能胜任，那就顺其自然一点比较好。

我知道自己是在一个不断向上的过程中，知道自己在一步一步朝前走，在不断学习、不断沉淀、不断充实自己，这种确定，让我变得自信，让我变得有底气，让我相信自己可以做得更好。

我给自己的计划大概是之后每年演一部电视剧，不会演太多，而且要演一些有质感的角色。好的剧本、好的团队、好的班底，这些对演员的提升都特别重要，我会不断去挖掘和学习，而不是一直停留在很虚幻、很偶像的状态，我觉得那样很飘忽，我更希望自己可以扎扎实实地越来越好，别人都看得到的那种好。

我坚信的是，在我努力的时候，我对自己是有期待的，我知道我会成为更好的人，所以我从不怀疑自己。

CHAPTER 06

在别人的故事里

找自己的

青春

自在
● YOUNG

在别人的故事里找自己的青春

● ○

　　我接的青春偶像剧，除了人物原型让我觉得有共通性或者我感兴趣外，还有一个重要原因，就是可以弥补我个人没有经历过的"青春期"。

　　我的青春期都是在军艺度过的，全封闭式管理，每天三点一线，班上甚至连女生都没有，唯一的课外活动就是跟同学一起打篮球。

　　我很喜欢打篮球，小时候看《灌篮高手》，觉得篮球打得好的男生很帅，有段时间甚至痴迷打篮球。我的鼻子就是那时候打歪的。

　　有天傍晚跟同学在操场上打篮球打得很晚，当时天已经黑了，视线不是特别好，刚好有个球过来时我没躲过去，就砸在我鼻子上了，当时只顾着继续玩，完全没放在心上。过了几天，我觉得应该消肿了，结果发现怎么好像有点儿不对劲，鼻梁上好像鼓出来一小块。最后去医院看了一下，才知道是骨折了。

　　过几年我入行后，有一次跟爸妈一起去医院，忘了当时检查什么项目，顺道我就又去看了下医生，因为我始终觉得鼻子鼓出来一块有点儿别扭，每次拍杂志照，都有点儿心理作用。当时我就问医生能不能治治恢复一下，医生说想恢复的话得砸断了重新接，但能不能接正不能保证，接回来有可能是正的，也有可能还是歪的。

然后医生仔细看了我好一会儿，很严肃地说："这小伙子长这么好看怎么还动啊？别动了，赶紧回去吧，那么好看还动什么？"

就是那次之后，我打消了"修复"鼻梁骨的念头，看自己鼻子时间长了也觉得蛮顺眼的，没什么特别的。所以，我的"整容费"应该是史上最便宜的了，只花了来回的公交车钱。

演《左耳》的时候，当时时间很紧，因为同时有两部戏在演，一部是《左耳》，还有一部是《盗墓笔记》。最开始接演《左耳》的时候我比较犹豫，第一，担心身体吃不消；第二，两部戏串着演，演员对于人物的拿捏要特别区分得开。毕竟精力有限，而且你每演一个角色时都会全身心投入，如果同时接两部戏，就要特别留意避免在两种不同角色的塑造下相互影响。

但我的团队认为这是个好机会，因为《左耳》也是由畅销的 IP 小说改编的，本身有庞大的粉丝群，而且是光线传媒投资的，整个制作班底都比较有保障。衡量了一下，最后我就去了。

这也是苏有朋导演的第一部戏，而且对于剧中的很多主演们也是等同于处女秀：女一的扮演者是网上海选的，之前没有演戏的经验；男一的扮演者欧豪是歌手出身，之前也没怎么演过影视作品。相对来说，我在组里算是有经验的演员了，所以自然承担起"老大哥"的角色，偶尔还会帮他们对对戏，给他们讲一讲，告诉他们一些技巧之类的。

苏导也是处女座，处女座的人一般都追求完美，甚至会显得有些固执，我也是这样，比较爱较劲。苏导本身是演员出身，现在来指导一拨没有太多表演功底的年轻人，还是比较抓狂的。但他对大家要求都很高，会亲自给演员示范，有时甚至很严肃。

苏导对演戏有他自己的想法，要求很严格，演员需要达到他想象中的水准，他会让你一丝不苟地按照他的想法来演，除非你能说服他。在剧组里，由于其他演员之前都没什么经验，所以我与苏导的互动会多一点，我会跟他说我的想法、我对某一场戏的理解，有时他听完还挺高兴，然后就尊重我的想法，对我还比较信任。

许弋是个与其他偶像角色都不同的角色，这个角色比较分裂。前面他特别好，是一个非常好、非常阳光的人，又是校草，后来经过一段感情后变得特别堕落，甚至特别渣。在许弋这个角色身上，有非常大的反转性，作为演员，这种反转性是我喜欢挑战的。我不喜欢从头到尾一个样子、一个表情下来，我觉得像这样的反转对演员的演技表现更立体、更有帮助。

再就是许弋这个人物本身也能够吸引我，他不像其他偶像剧里的男二，很好，很完美，各方面都很好，永远默默在做一些事情，可是你永远记不住他，因为这个人身上没有什么点能被你记住，就像白水一样，所以女主角永远不会对他动心，观众也都是认可他的好，但却都愿意选择男一来爱——在我看来，这样的人设是比较乏味的，就像没有血肉一样。

但许弋不是，他有自己的故事点，有极强的个性，在他身上有非常大的张力，你能感受到来自这个人物的一种"力量"，哪怕这个力量在剧中被设置成是堕落的，但他仍非常有血有肉，非常立体的。

这是我喜欢许弋最大的原因。

也因为这点，我遇到了一点点"小麻烦"。有些人看影视作品代入感特别强，经常把一个剧中的形象设置套在演员身上，《左耳》上映后，网上就有人说"看过杨洋演的许弋，再也不喜欢他了"，直接粉转黑。这个说起来真的是冤枉，我只是演了这个角色而已……

而且对于许弋这个人物的结局，还有点儿小遗憾。事实上真正拍的时候，许弋是有结局的，就是他跟小耳朵还是把话说清楚了的，虽然他自甘堕落或者说玩世不恭，故意糟蹋自己，伤害小耳朵那么久，其实他内心还是明白的。所以在拍的时候，我们又拍了这一段，许弋对小耳朵会有个交代。

但经过大家的讨论，决定说给许弋这个人物留一个开放的空间，不希望对这个角色有交代，因此最后大家看到的版本是被剪过的。很多人对许弋就停留在了"渣男"印象上，甚至因此迁怒于我。在这儿要为自己声明下，杨洋同学作为剧组里的"老大哥"，对弟弟妹妹们是很照顾的，尤其对小耳朵，并不是你们在大屏幕里看到的渣男啊。

再就是，我喜欢各种不同类型的人物，也喜欢这类青春片，因为它们会让我尝试到一些我自己的青春期里没有的经历和感受，我会在这些角色里想象一把青春是什么样，相比来说，可能我的青春期过得确实太单调了。

可能有点儿矛盾吧，从另一层面说，这又同时是我引以为豪的地方。毕竟，每个人都有自己"死磕"青春的方式。

我 的
青 春

我 是
杨 洋

[MY YOUTH / I AM YANG YANG]

CHAPTER 07

站在春晚台上

那一刻

自在
 YOUNG

站在春晚台上那一刻

●　○

　　2015 年是我的作品集中呈现在大家面前的一年,《少年四大名捕》《左耳》《花儿与少年》《盗墓笔记》《旋风少女》, 一下子开启霸屏模式, 曝光度很高, 关注度也很高, 但是收到春晚的邀请, 着实还是让我惊了一下。

　　我小时候就跟家人年年看春晚, 还记得很多经典的节目, 比如李谷一老师的《难忘今宵》、蔡明老师的小品、冯巩老师的相声, 很多很多到现在我还记得很清楚。

　　刚接到春晚通知的时候, 我脑子有点儿空白, 当时想:"天啊, 这是真的吗?"因为从来没有想过, 虽然小时候学跳舞时会想以后要是有一天可以上春晚的舞台表演多好, 哪怕是做群演中的一个, 那就很幸运了。但那也只是小孩子想想, 等真正长大以后, 就再没有想过这件事, 觉得自己离那个舞台很远。

　　没想到这一天居然真的来了。

　　这中间还有个小曲折。刚开始接到邀请的时候是说有一个唱歌类的节目, 四个小鲜肉演员一起演, 后来又说这节目被刷掉了, 就有一点小失落。然后又告诉我说还有另外一个节目, 还是唱歌, 关于父子情的, 跟佟铁鑫老师一起合作《父子》, 说这个节目比之前那个还要好, 于是我就又高兴了。

　　佟铁鑫老师是非常著名的歌唱家, 而且身上那股劲儿很正, 会让你感受到来自父亲的那种力量。我们排练的时候, 他给我很多建议, 并把一些歌唱的技巧教给我, 帮我快速提升, 我特别感激他。前面跟佟老师排练时、春晚正式演节目时, 我都全身心投入了, 因为代入感很强, 我会想到我爸爸，会想起从小到大他为我做的点点滴滴。

虽然我不是歌手出身，之前唱歌的经验也并不多，但我觉得我应该还是唱出了那种真实的情感。尤其是那首歌的歌词特别能打动我，它就像一段被开启的回忆，从一个孩子幼年的时候到孩子长大，到父亲渐渐老去，那是每一对父子之间都会有的故事。

我跟佟老师彩排的时候，甚至还在台上哭过，因为那种感情特别真实，它盖过了"在表演节目"这件事本身。据说我们彩排时，也有工作人员听后感动落泪，如果你问我觉得自己在春晚舞台上表现怎么样，我觉得这就是最好的回答了。

我小时候的春节，每年都会跟爸妈一起回去看爷爷、奶奶和外公，各家都会走亲戚，一大家子人在一起。每次有亲戚朋友来家里时，为了让我表演节目，我妈妈就拿果盘收买我，因为大家都知道我学跳舞。那时候我小，为了果盘就真的拼了！

甚至为了果盘我还到外面餐厅去"卖艺"。大人经常带我出去吃饭，人多的时候就会逗我，说你给大家跳个舞，跳完老板就送果盘给咱们了，我就真的跳，反正我小时候也不认生。后来慢慢长大了才知道，其实本来老板就是要送的，只是大人拿这个由头来逗我。

小时候我家在上海，后来才去了北京，上海过年时小孩子出门的话，爸妈会在你的包包里塞几片云片糕，寓意"步步高升"，但每逢过年我最喜欢吃的还是我妈妈包的饺子还有汤圆。

我猜过年对小孩子来说最期待的就是收红包，足可见人人从小就爱财，但仔细想，好像这件事情小朋友也并没有真的占到好处，因为不管你收多少红包，最后往往都是上交，几乎家家都一样。小孩子把自己收到的红包交给父母"保管"，自己能留一点点零用钱就不错了。我那时候一般留下来的钱就拿去买玩具枪、遥控小赛车这类的玩具，买完几乎就不剩什么了。

而比收红包更开心的是给父母发红包。我上军校领军贴后就可以给父母发红包了，当时觉得特别有成就感，觉得自己长大了，有担当了，特别自豪。

说起来，现在的年味儿好像越来越淡了，不像小时候那么热闹，过年好像就大家聚一起吃吃饭、看看春晚。当我爸妈知道我要上春晚时特别兴奋，比我还兴奋，毕竟他们那代人对春晚的情结比我们深。包括当晚我演出后，就收到了好多手机信息，包括我的同学、朋友、亲人等，好多人说"杨洋，我们看见你上春晚了"，那一刻我觉得特别欣慰，同时也知道自己有多幸运。

当时《旋风少女》已经播完了，所以很多人认识我，尤其是年纪小一些的，在后台的时候有好多小舞蹈演员认识我，看见我就喊"若白爸爸"，那一刻觉得特别暖。他们的老师邀我一起跟他们合张影，我们就一起合影，小演员们特别激动。

那一刻我就在想，如果当初我继续一直做舞蹈演员，今天我会站在春晚舞台上吗？可能会，也可能不会。但即便会的话，应该也是作为伴舞的演员，而不是作为主角。命运以另外一种方式让我从演员这条道路出发，最后又走到了这个舞台上，并且作为主角出现，我觉得自己真的很幸运。

所以，我会更珍惜这种幸运，努力做更好的自己。

CHAPTER 08

花儿

与

少年

花儿与少年

● ○

《花儿与少年》节目组邀我一起参加节目时，我刚拍完《盗墓笔记》想放松一下，而且一直对出国游玩心痒，因为平时工作忙碌几乎没有时间出国，即便出国，也是工作安排，从来没有好好欣赏游玩过一个地方。

《花儿与少年》第一季播出的时候我看过，感觉还挺有意思的，一队人在一起相互照应，从不熟悉到熟悉，像个小家庭。所以，当节目组来邀我参加的时候，我本人和团队都挺高兴，我们当时就直接飞往湖南见了节目组。

我个人认为真人秀这类节目，第一很有趣；第二能更直接地展现艺人本身，而不是大家之前通过影视剧里的角色或者新闻八卦看到的那个样子。影视剧里的角色和新闻八卦从某个角度讲都不能代表一个艺人本身的特质，因为更多的这种"印象"是大众自己猜测的，而不是艺人自身直接表现出来的。相对来说，真人秀是种比较直接的节目形式，可以更直接地展现生活里更真实的艺人本质，所以我比较喜欢。

当然，最后呈现的结果可能是你对一个艺人路转粉，也有可能粉转黑，这些是不可预料的事情，但至少在整个过程中，艺人的表现相对比较真实，大家尽量在做自己，当然这里面也包括制作团队为了后期播出效果而"故意"剪的一些内容。

在我们第二季的团队里，我是年纪最小的一个，各位姐姐们都很照顾我，甚至有点儿像对孩子的那种宠溺。说实话，对于这些照顾我还挺享受的。我几乎是从小被人夸大的孩子，当在一个新的团队中，所有的人都夸你，那么这种短期内迅速建立起来的肯定和情感对我来说是非常正能量的事。

所以，在姐姐们夸我的同时，我会更希望把事情做好，希望可以为她们做更多事，可以照顾她们，帮她们分担，这是我非常高兴、非常乐意去做的事。

比如开车、扛行李、找路这种事，我觉得本身就是该由男生来做的。在《花儿与少年》里，因为是在国外，就出现了一个问题，就是语言不通。我英语不算好，所以有时候问路或者沟通就不那么顺畅。我记得有一次我跟井柏然到酒店后给大家办理入住手续，当时就我们俩在酒店前台，我就跟前台又比画又解释，心想让井柏然来救场，结果一转身井柏然到一边去了，原来他也以为能指望我呢，结果我也挺抓瞎的。

节目里有两个男生还是挺好的，毕竟男生跟男生在一起更自在些，说话玩闹之类的都更放松。井柏然是后到的，井宝到之前我跟郑爽相对熟悉些，等到井宝来了后我们俩就几乎天天捆在一起了。

开始最尴尬的是第一天晚上我们俩要睡一张床。两个大男生啊，我长这么大也没有跟男生同睡过一张床，何况当时我跟井宝还没开始熟悉。井宝性格是那种有点大大咧咧的类型，所以他说没事啊，但我还是觉得有点儿尴尬。最开始两个人是反着睡的，一个头在这边，一个脚在这边，等到后来时间久了大家慢慢熟了也就无所谓了才正过来。

我觉得像这类的真人秀还挺有意义的，因为大家都是艺人明星，平时自己就是唯一焦点，所有事情也几乎都由身边的团队打理，很少自己亲自做什么。而参加真人秀首先你就得亲力亲为，再有就是你要回到人群里——虽然是个小范围的人群，你开始要在短时间内跟原本不熟的人打交道建立友谊。我觉得这是个很好的锻炼，至少对我自己来说会有提升，会让我注意到在一个团队里我应该是一个怎样的角色，怎样跟其他人相处。

宁静姐性格特别可爱，看着很大女人，同时又非常小女孩儿，她就是很直接的那种性格，喜欢你就直接说出来，所以每次在团队里我做点什么的时候，她都会第一个夸我。她就说："以后谁要是嫁给杨洋一定太幸福了。"

毛毛姐就像个大家庭里的"老大姐"，你在她身上看到的永远是特别沉稳，给人感觉是那种女强人，好像有她在永远不会出什么乱子、你永远不用担心，她能把所有事情都安排得特别好。

晴姐是个比较有自己空间的人，很多时候她会沉浸在自己的世界里，可能会让身边的人感觉到有一点点距离，但我认为确切点说，是每个人身上都有"与众不同"的地方。无论是节目里还是日常里，每个人身上都有那个"不一样"的点，只是可能在大家看到的节目中，晴姐身上这个"不一样"的点会更明显一点。但其实晴姐是个很美好的人。

大发姐陈意涵是那种行动力超强的人，经常是她跟我一起找路、问路，我开车时她经常坐在副驾驶陪着。我看很多人管她叫"元气少女"，她确实是元气爆棚，永远充满能量，非常开朗活泼，性格特别好。

在《花儿与少年》最开始播的时候，某一期节目里我跟郑爽看着有一点"小矛盾"，其实也不是郑爽的错，只是因为她是当时的导游，所以从她自己的角度讲，她觉得当时把我弄丢了是她的责任。而我是那种性格慢热、有点儿闷的人，也不大会搞气氛嘻嘻哈哈把这个气氛化解掉。我当时觉得委屈的原因是觉得难道团队里少了一个人，大家都没发现吗？难道我对大家就这么不重要吗？但仔细想想，也是当时自己跟自己较劲的情绪，理智些的话就该知道大家肯定很着急，都在找你。

所以在那种又冷又累又有点儿沮丧的情况下，在街头看见大发姐和井宝正在找我，看见他们的那一刻就像看见了亲人，觉得——"哦！我终于回家了！"但我性格很内敛，我表现不出来，其实内心是很高兴的。

去参加《花儿与少年》之前，我把整个行程想得特别简单，以为节目拍完机器关了那该是什么样还是什么样，还是有工作人员帮你，结果去了才知道完全错了，整个过程中无论你遇到多大麻烦，无论你能不能顺利解决，节目组都不会帮你，甚至他们还有可能会制造点"小麻烦"给你。

我下飞机后的第一个"灾难"是我的行李箱丢了，我所有的衣服和其他随身物品都在里面。伦敦是那种湿冷的天气，特别冷，一直下雨，我就很着急，怕找不到行李箱，当时请节目组的人帮忙，结果节目组里一个导演大哥的行李箱也丢了，我们俩就一起填表。

好在后来找回来了，但那已经是几天之后的事了，那几天里我就一直冻着，我记得我当时穿了一件长的皮大衣，贴在身上又冰又凉，感觉自己像个流浪汉。

在《花儿与少年》遇到困难的时候，最开始我会跟节目组的姐姐们撒娇卖萌，但结局是真的很挫败，因为她们真的一点儿都不会帮你，有时你已经很着急了她们也不会帮你，但这没有办法，因为这是节目组的规矩。

等到节目录完后，整个拍摄下来跟节目组以及其他的艺人都有了感情，整个过程还是很开心、很享受的，虽然会遇到一些小困难，但收获很大，自己成长了很多。所以等拍完《花儿与少年》后，大家分别的时候有一点儿舍不得，大家私下也都建了微信群，说以后有机会再一起聚。包括去的那些城市确实很漂亮，很有味道，自己还想着等以后有时间了，可以开着车带爸妈一起去。

自在 ● YOUNG

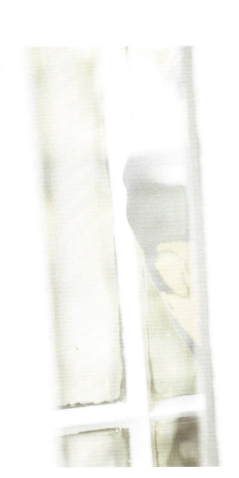

一生都

不会忘记的

时刻

CHAPTER 09

自在
● YOUNG

一生都不会忘记的时刻

● ○

2016 年开年，对我来说惊喜一个接着一个，本来觉得上春晚已经很幸运，没想到后来又作为明星火炬手到雅典参加圣火传递，亲身参与到这么重要的一个活动里，觉得特别特别惊喜。

那种感觉很奇妙，一边觉得像在梦里，一边又觉得很紧张，特别是在观看了圣火采集仪式后，一瞬间一种神圣感就特别真实地笼罩了你，让你不由自主就肃然起敬。

我从小就喜欢体育，运动细胞还挺发达，小时候学校有棒球班，我就参加了。但那时候还不是特别喜欢跑步，尤其是冬天的时候穿得多，跑起来经常很累，是长大以后逐渐在健身房适应了热身后慢跑，才觉得跑步是件享受的事。

但我更喜欢的其实是游泳和打篮球，尤其是游泳。我很喜欢水，我也喜欢蓝色，在水里我会觉得特别自由、特别放松，好像水对我来说有种治愈能力。

男生一般都比较喜欢运动，每届奥运会我跟我的小伙伴们也会特别兴奋，除了给自己国家的运动员加油，有时候别的国家比赛时，我们还会打赌。打赌的项目跟我个人喜好的运动项目和比较关注的赛事有关，一般是田径类或竞技类，比如跳水、游泳、羽毛球、乒乓球、体操、举重这些。

因为自己喜欢游泳，所以最喜欢的两个年轻运动员也都是游泳健将，就是大家都很熟悉的宁泽涛和孙杨。2008年北京举办奥运会的时候，我刚好在拍戏，没有时间去现场，但是经常会经过鸟巢和水立方，每次经过时就心生期待，很想去现场看看，但实在没有时间，就跟自己说以后有时间一定要去现场。没想到2016年的里约奥运会自己竟然如此幸运地成为了火炬手——当然主要是因为我代言的RIO品牌商赞助了奥运会，所以作为代言人我有幸当了中国火炬手。

当天早晨大家一起去奥林匹亚遗址的赫拉神庙观看采集圣火的仪式，由演员卡特里娜·莱乌扮演的最高女祭司点燃奥运火炬，之后开始在奥运火炬手之间接力传递。当天我负责跑的那一段是在桥上——被RIO冠名了的一座桥。上个火炬手朝我跑过来的时候我特别紧张，因为那天风特别大，当时心里想的是一会儿到我的时候一定不能出问题，火千万别灭了，好在接过来后很顺利，没有出意外。

那段桥并不长，大概两百米，我就想着慢点儿跑，结果拿到火炬的那一刻，我内心太激动了，觉得太自豪了，就越跑越兴奋、越跑越快，跑得头发都乱了，完全控制不住，很快就跑到下一段，将火炬传给郭采洁，双方都感觉挺有力量感，挺光荣的。等把火炬传出去了，才感觉自己整条手臂都是酸的，又兴奋又紧张，再之后就开始放松了，开始享受参与奥运会。

这是我一生都不会忘记的时刻。

在这里还是要特别感谢我的粉丝们，他们知道我成为奥运火炬手后，他们跟我一样兴奋，给了我很大的鼓励和支持，甚至有些人一路跟着。在这个过程中其实我跟他们是没有什么交流的，但他们会默默一直跟着守护着我，我真的特别感动。

我喜欢所有集体类的活动，可能跟我在军艺学习的经历有关，我很相信那种来自团体的力量，我认为那种自豪感是大于个人的。就像中国队每次赢了的时候，作为中国人每个人都很兴奋，其实你并不在现场，你也没有参与，但那是来自集体的一种自豪感，很振奋人心。

所以有时我会想，对于我的粉丝来说，杨洋粉丝后援会就是一个集体，他们有同样的热情和荣誉感，他们希望我越来越好，成为模范艺人，所以我知道自己身上有这样一份责任，像参加奥运会的运动员一样，每个人都不只是代表他自己，更大的意义是他代表身后的团体和国家。

同样，我明白自己作为一个偶像艺人，很容易被大家推到台前，但与此同时，一起付出的还有我的团队、我的合作方、我的赞助商、我的观众、我的粉丝，因此我不允许自己做不好，我会全力以赴，就像参加比赛一样。

CHAPTER 10

我就是

这样的

YOUNG

自在
● YOUNG

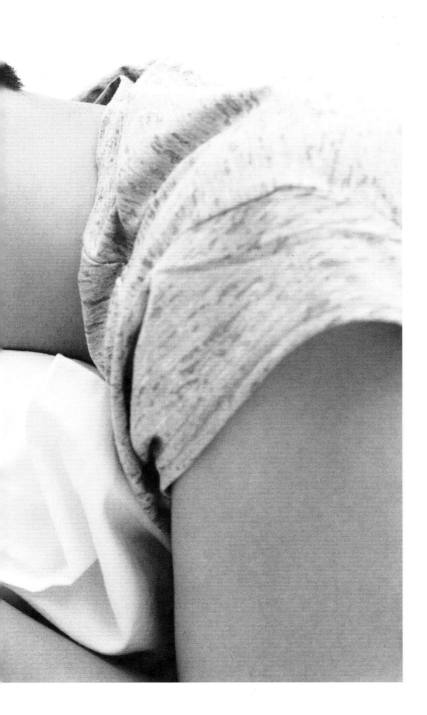

自在
● YOUNG

自在
● YOUNG

自在
● YOUNG

自在
● YOUNG

我就是这样的 YOUNG

● ○

　　这几年慢慢接触到更多的时尚活动，我越来越感觉时尚是要有自己的个性。就像我参加过两次时装周，第一次去和第二次去的时候感觉完全不一样。之前没有看过这样的时装秀，所以第一次去的时候，看什么感觉都很新奇、很新鲜，觉得每场秀都有自己特别的故事在里面，各个品牌有各自的历史、有不同的氛围。到第二次去的时候，我就更能够感受到我自己的一些体验，比如说看完一场秀以后，我会知道有一些风格是适合我的，有一些是短期内我都不会去尝试的，这些体验都是我在时尚道路上的经验积累。

　　演戏之外，我会多拍杂志，多拍一些好看的相片给大家看，拍出各种不同的自己，展示不同的面，也通过这些，构成了我不同的时尚风格。而生活里的自己就更简单利落了，不会穿得花里胡哨，不会穿特别短的裤子，不会选带很多花纹、装饰的东西，因为那样很不适合我，总的来说，要以舒服为主。毕竟，自在才是第一位的。

　　相对应地，我还喜欢去海边，最想去爱琴海，第一次出国去的也是苏梅岛，先在酒店待着懒两天，再去周边的一些景点玩儿。待在水边让我感到安静，我真的很喜欢水和海。

这几年因为工作的原因，去巴黎相对多一些。巴黎给我的印象就是购物天堂，我平时也没有什么时间去逛街，不那么方便，每次去国外，特别是去巴黎，都是第一时间冲到各大商场逛逛，给家人、朋友买东西，买完了就回酒店待着，有什么工作安排了就去工作。

业余时间也没什么花样，基本上就是看看书、玩玩游戏，连 KTV 也很少去，除非是一帮好朋友聚一下约着去，否则平时朋友约我玩儿我都不怎么会出门。相对来说，我最大的爱好就是户外运动，如滑雪、开卡丁车，等等。卡丁车是必玩的，我以前专门找过开在地下车库的卡丁车赛馆，那时候是团的券，一次性买十张，一张五分钟，每次开完卡丁车出来整个人都是发抖的，走路都在颠，但还是喜欢玩。

所有刺激的运动我都想尝试一下，就像录《花儿与少年》的时候在迪拜法拉利主题公园玩极速过山车，那是世界上最快的过山车，时速两百多公里，特别过瘾，让我感受到了速度和激情。包括在《花儿与少年》玩滑翔伞，虽然内心有点儿害怕，本身有点儿恐高，但还是觉得那很过瘾，身为男孩儿应该去体验一下。

滑雪的事情对我来说也很有意思，我学得很快，是自己去的滑雪场，第一次就上了高级跑道，一路滑着单板摔着下来，完全控制不住，整个儿把我给摔废了。那次滑雪最后快到终点的时候，我就一直在心里祈祷别再摔了、别再摔了，结果还是在马上到终点的时候砰地就摔地上了，接下来的一个月我就跟骨折了一样，整个后背都是青的，疼得要命。

小时候还喜欢滑旱冰，大概是我上小学之前，滑旱冰特别流行，很多人都滑的是双排滑轮，我就玩单排滑轮，很多人看我滑得特别快，都来追着我又追不上，我就特别得意，现在想想感觉还挺欠的。

总的来说，我的生活圈、工作圈，任何交际、行动都是简单随意的，吃饭是这样，拍戏是这样，玩儿是这样，没有什么我不满意的，也没有什么特别操心的。前几年我常看一本叫《牧羊少年奇幻之旅》的书，是我的好朋友贾士凯推荐的，这本书是我目前看到的最好的外国文学作品。喜欢"牧羊少年"是因为很喜欢这本书用寓言式的语言讲述了一个以牧羊为职业的平凡少年勇于追求梦想的故事。

从这个牧羊少年身上，我学习到了很多，或者说我一直也是这样的。从十多岁到现在，中间的起起伏伏，无论是谷底还是高峰，我没有经历什么大的不顺，心态也没有太大的变化，我时刻准备着，做自己该做的事情，坚信我会找到属于我自己的成就。

很庆幸的是，我的父母、我身边的人、我的团队都很尊重我个人的想法和决定，他们包容了我的性格，包容了我的简单和慢热。

我很感谢他们，也感谢支持我的你们。

我们都会更好。

图书在版编目（CIP）数据

自在·YOUNG / 杨洋著. — 北京：北京联合出版公司，2016.9
ISBN 978-7-5502-8534-7

Ⅰ．①自… Ⅱ．①杨… Ⅲ．①杨洋－传记 Ⅳ．① K825.78

中国版本图书馆 CIP 数据核字 (2016) 第 204867 号

自在·YOUNG

作　　者：杨　　洋
责任编辑：龚　　将　　夏应鹏

北京联合出版公司出版
（北京市西城区德外大街 83 号楼 9 层　100088）
北京盛通印刷股份有限公司印刷　　新华书店经销
字数：40 千字　　700 毫米×990 毫米　　1/16　　印张：15.5
2016 年 9 月第 1 版　　2016 年 9 月第 1 次印刷
ISBN 978-7-5502-8534-7
定价：68.00 元

人生如果可以打分的话，我希望可以做 99 分的自己，留一分不断去尝试和努力。

这本写真集是给你们的礼物，也是给我自己的 25 岁纪念，希望你们喜欢。

感谢家人、贾总、元姐、公司的小伙伴们、为这本写真集辛苦付出的摄影师、化妆师、

造型师、设计师们，感谢策划人罗斐老师。

感谢一直支持我的你们。

我永远和你们在一起。